" मेघनिशा "

(जीवन की कच्ची डोरिया)

यह किताब समर्पित है

श्रीमती रानी गौतम(पूजनीय माता जी) स्वः श्री चन्द्रपाल गौतम (पूजनीय पिता जी)

हिमांशी गौतम

विषय सूची :

एक नजर लेखक की कलम से...

मैं एक कम्प्यूटर सांइस इंजिनियर एवं उत्तर प्रदेश सरकार में कार्यरत हूँ ,मेरी कविता लिखने की रुची अध्धयन के साथ बढ़ती गयी जिसके परिणाम स्वरूप मैं कई कविताये लिख चुकी हूँ ,जिसका कुछ अंश आज मैं आप लोगो के समक्ष प्रस्तुत करने जा रही हूँ मेरी यह दूसरी पुस्तक है, जिसमें विरह रस,प्रेम रस समावेसित है जो आप सबको बेहद पसंद

आयेगी । इसकी हर रचना मेरे दिल के बेहद करीब है जो मेरे जीवन के कुछ पहलूओ को छूती है,चाहे छोटे हो,बड़े हो या बूढ़े हो सभी को मेरी यह कविता संग्रह दिल को छू जायेगी इस कविता संग्रह को बनाने में बड़े और दोस्तों को तह दिल से आभार प्रकट करना चाहती हूँ ,जिन्होंने मेरा सदैव साथ दिया और मनोबल बढ़ाया ।

श्रीमती रानी गौतम(पूजनीय माता जी)

स्वः श्री चन्द्रपाल गौतम (पूजनीय पिता जी)

श्री भजन लाल (चाचा जी ,एल.आई.सी में कार्यरत)

श्री आशीष सिहं गौतम (भाई ,एल.आई. सी)

श्रीमती पारूल (प्यारी भाभी)

सुश्री प्रियंका तिवारी (बैंक में कार्यरत)

सुश्री वत्सला सिहं (बैंक में कार्यरत)

अंत में मैं गूगल ,वाई क्यू और डिजिटल प्लेटफार्म को धन्यवाद करती हूँ जिसने मुझे लिखने मे सहयता की और आसान बनाया और सभी चाहने वालो का दिल से सत् सत् नमन!!

आपकी प्यारी

हिमांशी गौतम

1. “ कश्मकश “

बहुत मुखौटे है ,बहुत चेहरे है
किधर ढूँढू ,कहाँ देखूँ
बड़ी कश्मकश ,बड़ी उलझन है
किसे पहँचानू , कैसे पहँचानू

मन कितना सच्चा , कितना भोला
पल भर मे जो अटक जाये
क्षण भर में ,सब झटक ज़ाये

कैसे भरोसा कर ले हम
खुद को खुद से कैसे
अलग कर ले हम...

जिधर भी जाऊ ,उधर ही पाऊ
सबने ढोंग का चोला पहना है
ओठो पर झूठी हँसी ...
मन पर जलन को रखा है
-“ हिमांशी.... ”

2."कैसे कहूँ "

मैं मेरी तबाही का मंजर कैसे कहूँ
मेरे ही घर समंदर है कैसे कहूँ
ज्ज़बातो को कोई पन्नो पर उकेरता है
मैं उन्ही पन्नो में कैद हूँ कैसे कहूँ
भीड़ में तो हर चेहरा एक ही लगता है
मैं उसी भीड़ में गुम हूँ कैसे कहूँ

-"हिमांशी... "

3. " कैद "

ना कोई आजाद है ,
ना कोई भयमुक्त है
ये क्या जीवन है
ना कोई सुकून में है,
ना कोई चैन से है
बड़ी-बड़ी सी इमारते है
बड़ी-बड़ी सी बंद खिड़कियाँ है
ये क्या जीवन है
बड़े-बड़े नक्शे है
बड़े-बड़े से बंद दरवाजे है
दीपक की लौ जलती है
रौशन सारा घर है
कहाँ अंधेरा है,कोई ना जाने
बुझता दीया जब है,पता चलता
कहाँ उसकी जगह है
ना कोई आजाद है ,
ना कोई भयमुक्त है ।"

-"हिमांशी"...

4. " ना जाने क्यो "

" ना जाने क्यो दिल
तेरी तरफ झुका जा रहा है
ना चाहते हुए भी
तुझ पर मरा जा रहा है
ये कैसी खता है,जो मेरा दिल
मुझसे किए जा रहा है
ना जाने क्यो दिल
तेरी तरफ झुका जा रहा है
इधर मेरा हाल क्या है
ये भी तुझसे छुपाया जा रहा है
खामोश लब क्या है
सपनो में सब सुनाया जा रहा है
ना जाने क्यो दिल
तेरी तरफ झुका जा रहा है
लगता है इश्क की शुरूआत है
तेरी अभी अधूरी मुलाकात है
सब्र में आँखे व्यस्त है
तेरे आने में अभी वक्त है
ना जाने क्यो दिल
तेरी तरफ झुका जा रहा है
ना चाहते हुए भी
तुझ पर मरा जा रहा है ।।

-" हिमांशी... "

5. " तू मुझको है जरूरी "

कोई रिश्ता भी नही है
कोई आदत भी नही है
ये क्या हो गया है
तू मुझको है जरूरी
मैं तुझको हूँ जरूरी
ज़ज्बातो की धारा
कहाँ को चली है
कोई रिश्ता भी नही है
कोई आदत भी नही है
फिर क्या चाहत तेरे मेरे
दिल में जगी है
कश्मकश में ज़िंदगी है
साँसो में तेरी कमी है
वजह ढूढँते है
ये क्यो हो रहा है
जो इश्क में होता है
कहना तुझको मुनासिफ नही है
मानना मुझको,भरोसा नही है
किसको समझाये ,
किसको बतलाऐ
तुझे मेरी जरूरत है
मुझे तेरी जरूरत है ।"

-"हिमांशी... "

6. “ खुद ही “

“ खुद ही खुद हँसना है
खुद ही खुद रोना है
ये चार दिवारी घर है मेरा
खुद ही खुद बाते करना है
आये थे अकेले यहाँ पर
धरती हो या हो कोई जहाँ फिर
दूजा नही लाये थे संग कोई
संसार हो या हो कोई स्वर्ग फिर
खामोशी अब अपनी लगती है
राते भी अब छोटी लगती है
था मेरा भी कोई अपना
ये बात भी अब पुरानी लगती है
सबकुछ खुद ही सावाँरू मैं
खुद ही बिगाड़ू,खुद ही सुधारू मैं
क्या गम है ,कितने दर्द हूँ मैं
ये भी खुद को,खुद ही बतलाऊ मैं “
-“हिमांशी... ”

7. " हम क्या कर बैठे "

।। हम क्या कर बैठे,
दिल पर दिल का दर्द लिख बैठे
सदियो से बंजर ये मन था,
हम क्या रंग रचा बैठे
आँखो में सूना संसार था,
हम क्या ख्वाब जगा बैठे
हम क्या कर बैठे,
दिल पर दिल का दर्द लिख बैठे
हाल बुरा है,जग है पराया,
हम क्या कर बैठे
सब कहते है, तुम ये ,
क्या गुनाह कर बैठे
सीने में कुछ साँसे है,
उनको भी उधार कर बैठे
हम क्या कर बैठे,
दिल पर दिल का दर्द लिख बैठे
बीच भवर में,अब है नईया
किसकी सुनू मैं,किसकी मानू
रोग जो हम ,क्या ले बैठे
खुद का जीवन,
दूजे के हवाले कर बैठे
हम क्या कर बैठे,
दिल पर दिल का दर्द लिख बैठे ।।

-" हिमांशी... "

8. "छोटी सी है जिंदगी"

" छोटी सी है ज़िंदगी मेरी
किस-किस को हक मैं जताऊ
किस-किस को दर्द मैं बताऊ
कोई नही है,मेरा यहाँ पर
सब मुझको, मुझको सब
लगते है, पराये यहाँ पर
छोटी सी है ज़िंदगी मेरी
किस-किस को अपना बनाऊ
किस-किस को बैर जताऊ
कोई नही है,मेरा यहाँ पर
तन दूजे का,मन दूजे का
वाणी में भी रस है कई
सब लगते है, पराये यहाँ पर "

-"हिमांशी... "

9. " कोई समझता नही "

जब तक ना हो , अपनी पीर
दर्दो को कोई ,समझता नही
जब तक ना हो ,अपना जख्म
मरहम को कोई,समझता नही
हाल ऐ दिल हम क्या सुनाए
काँटो के घेरो को हम क्या दिखाए
बड़ी नाखुँशी से
गुजरी है राते
बड़ी नाउम्मीदी से गुजारे है दिन
-"हिमांशी... "

10." उम्र "

" उम्र भी छोटी थी,
तजूरबा भी नादां था
कौन था सच्चा ,
कौन था झूठा
कुछ भी नही जाना था
मासूम सी सूरत थी ,
दिल भी सीसे सा
जो बोले मीठा सा,
वो लग जाये अपना सा "

-"हिमांशी... "

11. " **क्यो सच मान बैठे** "

" क्या नशे मे थे हम, क्या बेहोशी मे थे
तेरे झूठो को हम, क्यो सच मान बैठे थे
ऐतबार किया ,दिल को हार गये
तेरी आँखो में हम,खुद को वार गये
क्या सिला मुझको मिला,बेवफा तू ही निकला
गलतियाँ कुछ भी नही,जो रूसवाईयां मिली
नादां थे हम ,भोले-भाले से मासूमं थे
जो यकी तुझ पर कर लिया "

-"हिमांशी... ✍"

12."**रंग बदलते है**"

" कैसे कह दे हम,कि
सब लोग अच्छे है
बस अवसर की तलाश है
सबके रंग बदलते है
अपने हो या गैर हो
नि:स्वार्थ कोई नही है
कहाँ ढूढूँ आईना अपना
जो कोई बसा हो मन में "

-"हिमांशी... "

13."ना वो हमे समझते थे"

ना वो हमे समझते थे
ना हम उन्हे समझते थे
कहाँ कमी रह गयी ?
कि हम,एक-दूसरे को नही समझते है
" बाते रोज होती थी
मगर ज़ज्बातो की नही होती थी
खैर खबर सब पूछते थे
मगर लहजे नही पहचानते थे
आँख से आँसू ना निकले
इतना खयाल भी रखते थे
मगर चेहरे पर पड़ी मुरझाहट,
को तबीयत नासाज़ समझते थे
दिलो में इश्क का
दर्द भी हो सकता है
वो तो सिर्फ दिल को
धड़कन समझते थे
ना वो हमे समझते थे
ना हम उन्हे समझते थे
कहाँ कमी रह गयी ?
कि हम,एक-दूसरे को नही समझते है "
-"हिमांशी... "

14."आँखे बेचैन है"

“आँखे बेचैन है ,दिल भी बेचैन है
क्यो नजरे ढूढँती है तूझे
हर गली,हर शहर में घर तेरा
मुमकिन नही तेरा रूबरू होना
पैबंद है तू किसी और की गिरफ्त में
इश्क की नाव में तू भी है, मैं भी हूँ
साहिल तेरा उस तरफ,मेरा है इस तरफ
जोड़े जो हमें ,वो पथ नही स्थिर
भूल हुई हमसे,भूल गये खुद को
तेरी आँखो में देखूँ अपनी छवि को
भ्रम ये नही कि तुम मेरे हो
सच ये है कि हम सिर्फ तेरे है
आँखे बेचैन है, दिल भी बेचैन है
क्यो नजरे ढूढँती है तुझे
गर इश्क है यही तो ,है
मंजूर साहिल तेरा ,तेरी पैबंदगी ! “

-“हिमांशी... ✍ ”

15."पिता"

" अब ना वो चेहरा मिलेगा
अब ना वो बाते मिलेगी
जिसके संग हमने जी थी
हर खुँशी,हर गम बाँटे थे
अब ना वो शरारत मिलेगी
अब ना वो मुलाकत मिलेगी
जिसके संग हमने जी थी
हर रंग,हर मौसम बाँटे थे
कहाँ से लाये,वो इंसान फिर से
जो चला गया दुनिया छोड़ के
कैसे भुलाए वो बाते...
कैसे मिटाए वो यादे...
खुद भी चाहे मर जाये
अब ना वो लौट के आयेगे
जीना पड़ेगा इस ज़िदंगी को
सब कुछ हम पर वार गये
माँ का चेहरा सूना छोड़ गये "
-" हिमांशी... "

16. "माँ"

"ना पढ़ी, ना लिखी तू
ना स्कूल-कॉलेज गयी तू
मेरी पहली गुरू है तू
तू ही है पहली शिक्षिका
ईश्वर का रूप है
मेरे लिए तू ही आराध्य है
माँ तो बहौत है
तुझसा नही कोई इंसान है
ममता तो है ही
बलदान की मूरत भी है
सुबह की किरन तू ही है
रातो में चाँद की,ठंडक भी तू ही है
हाड माँस का परिंदा था
तूने मुझे इंसान बनाया
भक्ति मैं किसकी करूँ?
हरेक से पहले तूने समझा,माँ
सोती कभी भी अकेले नही है
हर वक्त मुझको खयालो में रखती है
माँ..
ज्योतिष जो ना पढ़ सके
वो चेहरा,वो माथे-सिकन पढ़ लेती है
अभी तो चेहरे पर मुस्कान आयी ही थी
वो दिल की बात कह देती है
ना हो पंसद जो भी
उसे भी नागवार गुजरती है
मेरी माँ के जैसा कोई इंसान नही
भगवन तो है,मगर वो भी इंसा नही "
-" हिमांशी....

17." हर रोज मरना"

" ज़िन्दगी जीने के लिए,
हर रोज ही मरना पड़ता है
कभी एहसासो को,तो कभी
भावनाओ को मारना पड़ता है
ज़िन्दगी जीने के लिए,
हर रोज ही मरना पड़ता है "
हँसते हुए लबो को
मजबूरी रोक लेती है
जाते हुए कदमो को,
जिंदा रहने के लिए
ज़िन्दगी रोक लेती है
जीवन सरल तो नही
ना कोई फूलो की डगर
खोकर अज़ीजो को
ज़िंदा रहना पड़ता है
ज़िन्दगी जीने के लिए
हर रोज ही मरना पड़ता है "

- "हिमांशी... "

18." अज़ीज "

कुछ शक्स ऐसे छूट गये
मिले होते,तो सबसे अज़ीज होते
कुछ वक्त ऐसे छूट गये
जिये होते,तो सबसे खास होते
किस्मते तकदीरे सब न्यारी है
सारी चाहतो पर सब भारी है
खवाईशे शौक ही रही
जरूरते मुकद्दर जीत गयी "

-"हिमांशी... "

19."ख़वाब बनता है"

कभी-कभी ख़वाब बनता है
कभी-कभी ख़वाब टूटता है
ये तो उसकी रजा है कि,
वो किस हाल में रखता है
हमको मालूम भी नही था
कि,हम क्या लगते है उसके
मन में बैठा हुआ था कि,
कुछ खास लगते है उसके
माना कुछ गलतियां की है,
हमने भी इस भरे जीवन में
उसका मोल लगया उसने,
कि,मेरे कर्मो को बढाया उसने
अब तो लगता है मुझको
कि,मैं पुजारन नही उसकी
छलावो से भरे है लोग यहाँ
मैं भी बन जाऊ,ऐसी चाहा नही "

- "हिमांशी... "

20."भाव"

"चेहरे पर सारे भाव उतर आते है
दिल में परेशानियां हो , तो....
आँखो मे भी अश्क उतर आते है
कहाँ से लाये रिश्ते उधार हम
मेरी तिजोरी में खुश्किस्मती है कम
अपनो को अपने बनाये कैसे
मेरी हथेली में लकीरे है कम "

-"हिमांशी... "

21."तुम हो,तो"

" तुम हो,तो रात रानी है
तुम हो तो सुबह सुहानी है
तुम हो तो लब मुस्कुराते है
तुम हो तो ज़ज्बात खिलते है
तुम हो तो खुशियाँ महकती है
तुम हो तो गम मिट जाते है
तुम हो तो हँसी फूल लगती है
तुम हो तो धड़कन धुन लगती है
तुम हो तो नींद सुकून होती है
तुम हो तो ज़िंदगी प्यारी होती है
तुम हो तो जमींन ही बिस्तर है
तुम हो तो आसमां ही छत है
तुम हो तो मोहब्बत है
तुम हो तो मैं भी हूँ "

- हिमांशी.... "

22. "तन्हा"

मन उदास है, फिर भी शांत हूँ
यही बताता है,अब मैं परिपक्व हूँ
दोस्त कम है,दोस्ती भी कम है
यही बताता है,अब मैं खामोश हूँ
हुनर तमाम है किंतु एक पर बंद है
यही बताता है,अब मैं जरूरतमंद हूँ
दिल में शिकायते,चेहरा मुस्कुरता है
यही बताता है,अब मैं समझदार हूँ
बहुत कुछ नापसंद,सब बर्दास्त है
यही बताता है,अब मैं मुक्त हूँ
ना किसी पर भरोसा,ना उम्मीद है
यही बताता है,अब मैं तन्हा हूँ "

-"हिमांशी... "

23. "वो मेरा"

"एक नज़र भरके देखा उसे
तो दिल उड़ सा गया मेरा

पा ना सकेगे,सोचकर उसे
तो दिल थम सा गया मेरा

वो शख्सियत बहौत काबिल है
जानकर,चाँद सा हो गया मेरा

कुछ पल मिलकर लगा ऐसा
रिश्ता बहौत पुराना है मेरा

आईने से पूछाँ तो जाना
बहौत करीबी है वो मेरा

हकीक़त से हुई मुलाकत
अश्क ठहरकर रह गये मेरे

जाते जाते रूक गये, कदम
किसी की जिंदगी है,वो मेरा "

-" हिमांशी.... "

24."किस्मत"

"हम क्या चाहे , क्या पाये
बहुत,अंतर है
दिल-दिमाग एक ही चाहे
बहुत मुश्किल है
खामोशीयाँ आवाज चाहे
बहुत कम है

मेरे लिए क्या है
अगर मैं वही चाहूँ
तो ये मेरी किस्मत है,
मैंने क्या पाया है
उसी में खुश हो जाऊ
तो ये मेरी जरूरत है "

-"हिमांशी... ✍ "

25. "नारी"

" जान हथेली पर लेकर
आबरू कफन में बाधकर
चली मैं पथ पर बनकर नारी
देखा सबने मुझे बेचारी

अंधेरो से लड़कर
हौसले को बढ़ाकर
बैठी दिल थामकर
सरीफो के झुङ में
देखा सबने मुझे बेचारी

हर अक्क्षर से वाकिफ
हर लहजे से रूबरू
चली मैं पथ पर बनकर नारी
देखा सबने मुझे बेचारी

ना किसी की जागीर हूँ
ना किसी की अमानत हूँ
ना अबला,ना खाली हूँ
मैं हूँ सिर्फ एक नारी
देखा सबने मुझे बेचारी "

- " हिमांशी.... "

26." टूटा दिल "

"मैं आँखो से बहता पानी नही हूँ
जो तुम मुझे आँचल से पोंछ दो
मैं कोई किताबी कहानी नही हूँ
जो तुम मुझे पढ़कर छोड़ दो ,

मैं दिल-दीवारो पर सुर्ख अक्षर हूँ
तेरे मिटाने से भी मैं मिटूगाँ नही
मैं तेरी खामोशी में ही पैबंद हूँ
तेरे भुलाने से भी मैं हटूगाँ नही

तुझको चाहने की एक सजा पा ली
दरमियां दूरी तो है सिर्फ जिस्मो की
यू तो दो दिलो ने एक छत बना ली
दरमियां बाते तो बहुत है सिर्फ यादो की

एक तुझको देख लू ,तो मैं जी जाऊ
तेरे हिस्से मे मैं अपना नाम कर दूँ
एक ऐसी घड़ी आये ,तो मैं जी जाऊ
फिर तेरा होके मैं पलके बंद कर दूँ "

-" हिमांशी... "

27. " नि:शब्द "

" आज क्या हो गया है
मन मेरा क्यो निःशब्द हो गया है
इक तेरे जाने के बाद
आँखो से मेरा भिगना हो गया है

कोशिशे तो हमने भी बहोत की है
भूल जाऊ हर फलक तेरे संग का,
आज क्या हो गया है
मन मेरा क्यो निःशब्द हो गया है

चाँद की तिजोरी में रौशनी बहोत है
मुझको बस एक सितारा मिल जाए
निःशब्द मन को भी ,मेरे
एक ही सहारा मिल जाए

आज क्या हो गया है
मन मेरा क्यो निःशब्द हो गया है
इक तेरे जाने के बाद
आँखो से मेरा भिगना हो गया है "

" हिमांशी.... ✍ "

28. "जज्बात"

" जब-जब मैं साँसे लेती हूँ,
तेरी याद मुझे आती है
पलको को चाहे मूंद लू,
तेरी बात मुझे याद आती है

ये क्या है मुझे पता ही नही,
बस ज़ज्बात तेरे मेरे जैसे है
रूह तो मेरी मेरे ही अंदर है,
बस हक में तेरे ही बसती है

धूँप भी मुझको सांझ सी लागे,
मेरे हाथो में तूने हाथ जो बाँधे "
-"हिमांशी... "

29. "माटी"

" मिट्टी के चाहे दिन बदले ,
के चाहे किस्मत बदले
पर क्या?
कभी खिलौना बने
तो कभी बर्तन बने !!

वो चाहे कि सोना बने
पर तमाम जतन
करके भी ___
वो मिट्टी ही रहे !!

तिरस्कार करे चाहे
कोई हँसता ही रहे
हर वंदना करके भी
चरणो की धूल ही रहे !!

अपने ही वजूद के
हर कण को जोड़कर
बेजान मूर्ति जो बने
फिर सोना क्या __
हीरा क्या_
हर आभूषण *
उससे ही सजे !!
-"हिमांशी... "

30."तेरे इश्क में"

"तेरे इश्क में मै,गर पढ़ भी जाऊ
तो बता मुझको क्या हासिल होगा
तुझपे हक है किसी और का
तो बता तू मेरा क्या होगा
जमाने की पाबंदी मुझपे भी
तो बता तेरा हक क्या होगा
तेरे सहारे तो बहुतेरे है
तो बता मेरा सहारा क्या होगा "

-"हिमांशी... "

31."जब लोग बदल जाते है"

" जब लोग बदल जाते है
मोहब्बत करके रूठ जाते है
अब किसकी करूँ मैं पैरवी
वो वादा करके मुकर जाते है
जब इश्के नाव संग,भवँर फँस जाते है
नाविक पतवार छोड़, डगर जाते है
मोहब्बत की गलियाँ आसान नही
आशिक-मजनू भी रंग बदल जाते है
तोहमते,तंज,रूसवाई सब मिल जाते है
इस इश्क में पत्थर भी पिघल जाते है
क्या रंग,क्या रूप सब कश्मीर नजर आते है
मोहब्बत में महबूब खुदा नजर आते है
ख्वाईश,मंजिल सब रास्ते एक हो जाते है
इश्क मे सारे रस्म-ओ-रिवाज़ कुबूल हो जाते है
मोहब्बत करके वो रूठ जाते है
जब लोग बदल जाते है ।। "

-"हिमांशी... "

32. " क्या कोई मुलाकात है "

" जुगनुओ की रात है
चाँदनी आसमान है
मेरे हाथो में तेरा हाथ है
इससे बेहतर भी ,
क्या कोई मुलाकात है
आँखो-आँखो में ही
सारी बात है
तेरी बाहो में ,
मेरी बाहे है
इससे बेहतर भी ,
क्या कोई मुलाकात है
जुगनुओ की रात है
ठंडी-ठंडी हवाओ की
खूब बरसात है
तेरी मीठी-मीठी
बातो की सौगात है
इससे बेहतर भी
क्या कोई मुलाकात है
सफर जिंदगी का
सब संतरग हो
तेरे जैसा हमसफर
जब संग हो
नजरे हटे ना
तेरे मेरे से
इससे बेहतर भी
क्या कोई मुलाकात है"

-" हिमांशी.... "

33. "यादे"

" कोई रूठ गया ऐसे
फिर ना मिलेगे वैसे
तेरी राहे बदल गयी
मेरी दुनिया पलट गयी
ऐसा भी क्या दिल लगाना
भारी पड़ जाये छोड़ जाना
वक्त सब साथ का गुजर जाना
हो गया अब बीता हुआ जमाना "

-" हिमांशी... ✍ "

34. " जो सब जानते है"

" सच को पहचाना नही
हकीक़त को जाना नही
भ्रम में जीवन को जीते रहे
खुद को कभी पहचाना ही नही
हर तरफ कितनी है सच्चाई
उस तक तो पहुँचे ही नही
माना सब मानते है,
धुंधला ही क्यो ना पहचानते है
जीवन वो ही तो नही
जो सब जानते है
भीगकर बूंदो से, मैं ना नहाँऊ
तो क्या उसे बारिश मानते है
चमकती रौशनी से परछाई बने
तो क्या उसे धूप मानते है
धड़कते हुए बूतो में इंसानियत ना हो
तो क्या उसे इंसान मानते है
जीवन वो ही तो नही
जो सब जानते है "

-"हिमांशी.... ✍ "

35." **हम तो है ही बुरे** "

" हम तो है ही बुरे
हमारा विशवास ना करना
थोडी सोच अलग है
मेरी राह साथ ना चलना
अपनो को हमदर्द समझा
पर दर्द उनको समझ ना आया
थोड़े से नवाब हो गये है
पर ये लिबास उनको पसंद ना आया
हमारा ज्ञान पागल सा लगता है
उनको अपनी अज्ञानता महान लगती है
बेटी के लिए संसार सीमित रखते है
खुद के लिए असीमित रखते है
हम तो है ही बुरे
हमारा विशवास ना करना
थोडी सोच अलग है
मेरी राह साथ ना चलना "

-"हिमांशी... "

36. "ना कोई पूछने वाला है "

"ना कोई पूछने वाला है ,
ना कोई देखने वाला है
हम तो है इतने खाली ,
ना कोई शोर करने वाला है
अपने है कुछ गिने चुने ही ,
कहने को रिश्ते है वो सब ही
बाते कोई करता नही,
जैसे लगता पराये है वो सब ही

मन मे पीड़ा,क्या है,क्या कहती है
मेरे सिवा कोई नही जानता है
ऐसी भी क्या बेरूखी है
जो कोई मुझको नही पहचानता है
ना कोई पूछने वाला है
ना कोई देखने वाला है
बरसो से हम रहते है अकेले
ना कोई साथी,ना कोई सहयोगी है
अब मन ने ये माना है
तुम हो अकेली,तुमको खुद ही संवरना है

ना कोई पूछने वाला है ,
ना कोई देखने वाला है "
-"हिमांशी... "

37."किसे पूछूँ,किसे समझाऊँ"

" किसे पूछूँ ?किसे समझाऊँ
क्या मन चाहे,क्या मैं पाऊ
है उदासी मन मेरे कितनी
ना कोई जाने,ना कोई पहचाने
होकर मुझसे रूबरू सब सोचते
कितनी खुशनसीबी है मेरे घर
रोग कितने कलेजे में पालकर रखे है
आँखो में कितने समंदर नापकर रखे है
हर बात,हर लहजे को सुरो में तौलकर रखे है
कौन कैसा है सबके रिश्ते बाँटकर रखे है
हमने हर धोखे को म्यान में संभालकर रखे है
अब तो हर तरफ हमने तजूरबे के जाल बाँध रखे है

किसे पूछूँ ?किसे समझाऊँ
क्या मन चाहे,क्या मैं पाऊ "
-"हिमांशी.... "

38. " तुम मेरे नही हो "

"माना की तुम मेरे नही हो
फिर भी है, दिल तुम्हारा
माना की तुग रोज मिलते नही हो
फिर भी है ,वक्त तुम्हारा
माना की तुम साथ चलते नही हो
फिर भी है , रास्ता तुम्हारा
माना की तुम बेवफा नही हो
फिर भी है,शिकवा तुम्हारा
माना की तुम रूठे नही हो
फिर भी है ,गम तुम्हारा
माना की तुम मेरे नही हो
फिर भी है,वजूद तुम्हारा
माना की तुम खोते नही हो
फिर भी है,खवाब तुम्हारा
माना की तुम मेरे नही हो
फिर भी है,दिल तुम्हारा "

-"हिमांशी.... "

39."तू मेरा क्या होगा"

"तेरे इश्क में मै,गर पढ़ भी जाऊ
तो बता मुझको क्या हासिल होगा
तुझपे हक है किसी और का
तो बता तू मेरा क्या होगा
जमाने की पाबंदी मुझपे भी
तो बता तेरा हक क्या होगा
तेरे सहारे तो बहुतेरे है
तो बता मेरा तू क्या होगा "
-"हिमांशी... "

40. " हमने सीखा"

।। कभी हसँना सीखा,कभी रोना सीखा
सपनो से हमने जुदा होना भी सीखा
जो भी है हक में,जो भी है बस में
उसको भी हमने खोना सीखा
कभी हसँना सीखा,कभी रोना सीखा
सारे जहाँ में खुद से लड़ना भी सीखा
एक तरफ है दुनिया,एक तरफ है घर मेरा
सबके है अपने दायरे,उन दायरो से
भी हमने रूबरू होना भी सीखा
कभी हसँना सीखा,कभी लड़ना सीखा
इबाद्दत करना,मोहब्बत करने जैसा है
सहूलियत क्या करे,किसको तराजू से तौले
इबाद्दत किसकी,किससे मोहब्बत करे
होकर रूसवा किस्मत,जब बैठी हो
किसके दर पर माथा टेकू,किसको अरजी लगाऊ
कभी हसँना सीखा,कभी रोना सीखा
सपनो से हमने जुदा होना भी सीखा ।।
-"हिमांशी.... "

41."हम क्या नाम दे"

" दिल की नादांनियो को,
हम क्या नाम दे
किसी को अपना कह दे,
किसी को गैर कर दे
भरी-भरी महफिल में भी
खाली कर दे
विरानियो में भी फूल
गुल के खिला दे
दिल की नादांनियो को,
हम क्या नाम दे
उसकी मंजिल क्या है,
भटक कर रह जाये
जो भी,रस्ता दिखाये,
उसी पर डगर जाये
सोचे ना समझे,
चमक को ही चंदा कह ले
ऐसी उम्र में फिर और
सब क्या भुझाये
दिल की नादांनियो को,
हम क्या नाम दे "

-"हिमांशी.... "

42.“ वो पूछँते है “

“मुझसे जुड़ी जिंदगियाँ,सवाल पूछँती है
मैं उनका हिस्सा हूँ, गवाही पूछँती है

सब मेरे अपने है ,ऐसे बोल बोलते है
फिर मेरा हाल-ए-दिल सब पूछँते है

फिकरमंद सबसे अव्वल दर्जे के है
फिर मेरी उदासी की वजह पूछँते है

मेरे अस्तितव की पहचान उनसे है
आज मुझसे ही मेरा वजूद पूछँते है

वो सब मुझसे बेहिसाब चाहत रखते है
फिर भी मेरी चाहत को, है,गुनाह पूछँते है “

- “हिमांशी... ”

43. “ सब खत्म “

“ ये सफर यही तक था
तेरा मेरा साथ यही तक था

खावाईशो की झोलिया खाली हो गई
तेरे मेरे बीच दूरियां हो गई

जो रास्ते एक थे,मोड़ पर बदल गये
तेरे मेरे नाम कही और पर जुड़ गये

मुस्कुराती तस्वीरो पर फूल चढ़ गये
तेरे मेरे फासले तकदीरो पर सिमट गये “

-“ हिमांशी... ”

44. "अपने दायरे "

" कहाँ हसँना है, कितना हसँना है
कहाँ बोलना है,कितना बोलना है
कहाँ देखना है,कितना देखना है
एक लड़की को बहौत खयाल रखना है
किससे बात करनी,कितनी बात करनी
किससे स्वत्नत्र होना,कितना स्वत्नत्र होना
कैसी पोशाक रखनी, कितना ढकना है
एक लड़की को बहौत खयाल रखना है
ज्यादा सुबह नही,ज्यादा रात नही
समय से पहले नही,समय के बाद नही
एक दायरे में आना जाना है
एक लड़की को बहौत खयाल रखना है
हाथ जोड़कर अभिनंदन करे ,या
हाथ मिलाकर अभिनंदन करे,
मुस्कुरा के अभिनंदन करे ,या
नजरे झुकाकर अभिनंदन करे
एक लड़की को बहौत खयाल रखना है ।।
घर में सिखाया नही,आधी उम्र में भी बच्चे रह गये "

" इन लहजो के गणित में थोड़े कच्चे रह गये

" हिमांशी.... "

45. " रोष "

" क्या आग लगी है ,सीने में
जहर नही,तकलीफ बड़ी जहरीली है
होश-ओ-हवास सब है मुझे
पर मन बेहोश होने को आतुर है
शैय्या पर लेटा हुआ भी खुशनसीब है
मुझ जिंदा से तो सब बेहतर है
मैं यम का भी आवाहन कर दूँ
सब सही हो जाये तो,खुद को तज दूँ
मैंने बहुत कुछ किया जीवन में
पर अभी,जीवन का कर्ज उधार है सीने में
क्या वजह है मेरे सब कष्टो की
सब रोगो से ग्रस्त हूँ,एक बचा है
रोग-ए-इश्क ,उससे भी परिपक्व हूँ
यकीनन यही वजह है सब कष्टो की
सब मुझसे दुखी है,और मैं खुद से "

-" हिमांशी... "

46. " शिकायत "

" आज आग फिर कही लगी है
सीने में चिंगार फिर कही जली है
तसव्वुर तो सिर्फ आँखो का है
मुस्कान में वो कातिल फिर कही छुपा है "

हम लहजे-ब-लहजे
शब्दो को पकड़ते रहे
शिकायत तो उनकी
निगाहो से झलकती रही
मरीजे-ए-इश्क में वो कैद थे
हम धडकनो को पढ़ते रहे "
-" हिमांशी.... "

47."वक्त गुजर जायेगा"

" हर वक्त गुजर जायेगा
कुछ भी बाकी नही रह जायेगा
संसार की इस माया में
कोई जलता है,कोई निखरता है
हर वक्त गुजर जायेगा
दुख भी हाथो से बह जायेगा
सुख भी मुठ्ठी में ना रह पायेगा
वो वक्त भी ना ठहर पायेगा
हर वक्त गुजर जायेगा
थोड़ा सा धैर्य भी रख लो
दिल को थोड़ा शांत भी कर लो
जो होना है वही होगा
कुछ भी वक्त से पहले ना होगा
हर वक्त गुजर जायेगा
वक्त ही मरहम है,सब ज़ख्मो का
वक्त ही हल है,सब सदमो का
वक्त की ताकत वक्त ही जाने
वक्त जो सुधरे,तो रंक है राजा
वक्त जो बिगड़े,तो राजा है रंक
हर वक्त गुजर जायेगा
जो आया है,वो जायेगा
कुछ भी बाकी नही रह जायेगा
जो है सब बदल जायेगा
हर वक्त गुजर जायेगा "

-" हिमांशी... "

48. "इश्क"

"सारा जग हुआ पराया
जो इश्क हुआ सहारा
सारा जग गया भूल
जो इश्क हुआ कुबूल
रीत यही बन गयी
प्रीत जो लग गयी
धर्म का रंग क्या हुआ
जो इश्क में रंग गया
बस यही बात है
इश्क में कष्ट है
सबसे दूर हो गया
इश्क के साथ जो गया
बीच राह से मुड़ गये
अधर्म से भी भिड़ गये
इश्क की गिरफ्त में
मैं से भी मुक्त हो गये "

-"हिमांशी... ✍"

49."क्या सजा मैंने पाई है"

क्या सजा मैंने पाई है
इश्क है..,फिर भी,मेरे पास..तन्हाई है
क्या सजा मैंने पाई है
ख़वाबो से मेरे,वो जाता नही है
हकीक़त है की,वो पास आता नही है
क्या सजा मैंने पाई है
इश्क है..,फिर भी,मेरे पास..तन्हाई है
दिल की हवेली पर उसकी हुकूमत है
कैसे कह दे कि हम,उसकी गिरफ्त में नही है
क्या सजा मैंने पाई है
इश्क है..,फिर भी,मेरे पास..तन्हाई है
एक तस्वीर जो दिल में बसी है
वो हूबहू उसके ही जैसी है
चाहत तो बहुत है उसको मिटा दू
कैसे सुर्ख रंगो से बनी है
बरसात में भी मिटती नही है
क्या सजा मैंने पाई है
इश्क है..,फिर भी,मेरे पास..तन्हाई है
यादे बहौत है,बस एक वो ही नही है
मिल जाऊ उससे,सबको मंजूर नही है
लकीरे सभी है हथेली पर
बस एक उसकी तकदीर नही है
क्या सजा मैंने पाई है
इश्क है..,फिर भी,मेरे पास..तन्हाई है "

-"हिमांशी... "

50. "वक्त की दहलीज़"

वक्त की दहलीज़ पर मेरी सारी उम्र गिरवी पड़ी है
हर लम्हे को गुजार कर कर्ज उसका अदा करती हूँ

मेरे अच्छे-बुरे वक्त का वो हिसाब रखती है
दहलीज़ है मेरी ज़िंदगी की वो सवाल करती है
बहुत है जमाने में अपने कहने वाले
मेरे हिस्से में कितने है ये भी पहेली है
आँसुओ का संदूक है दिल हमारा
खोलकर उसको ना देखो ये है सब्र हमारा "
-"हिमांशी... ✍ "

www.ingramcontent.com/pod-product-compliance
Lightning Source LLC
La Vergne TN
LVHW041256150826
845673LV00008B/2604

* 9 7 9 8 8 9 5 8 8 7 5 6 1 *